<그리스도인이면 꼭 알아야 할 성경 지식>

룻 기

현숙한 여인 "룻"과 하나님의 "보상"

서울솔로몬학교 성경연수원

차 례

이 책에 인용된 성경 구절은 〈한글킹제임스성경〉입니다.

제1과
하나님을 선택한 룻
(1장)

『룻이 말하기를 "나로 어머니를 떠나라고 하거나, 어머니를 따르는 것에서 떠나 돌아가라고 강권하지 마소서. 어머니가 가시는 곳에 나도 가고 어머니가 유숙하시는 곳에 나도 유숙하리이다. 어머니의 백성이 내 백성이 되고 어머니의 하나님이 내 하나님이 되시리이다』(룻 1:16).

룻기는 어떤 책인가?

성경 66권 중에 "여자 이름"을 제목으로 붙인 "두 권의 성경"이 있는데, 하나는 "룻기"이고, 다른 하나는 "에스더"이다. 룻은 "현숙한 여인"이었다. 『**내 딸아, 이제 두려워 말라. 네가 원하는 대로 내가 네게 다 행하리라. 이는 내 백성의 모든 성읍이 네가 현숙한 여인임을 알기 때문이니라**』(룻 3:11). 히브리어 "맛소라 원문"에서는 "잠언" 다음에 "룻기"가 나온다. 이러한 배열 순서는 잠언의 마지막 장인 31장의 "현숙한 여인"의 실례로 가장 적합한 인물이 "룻"임을 보여 준다. 왜냐하면 『**누가 현숙한 여인을 찾아낼 수 있겠느냐?**』(잠 31:10)라고 묻고, 곧바로 이어지는 책에서 "룻"이야말로 『**현숙한 여인**』이라고 답변하기 때문이다. "모압 출신"의 "이방 여인"이었고 "가난한 과부"였을 뿐인 룻을 하나님께서는 현숙한 여인으로 인정해 주신 것이다.

룻기에 나오는 사건들은 『**재판관들이 다스리던 때**』(룻 1:1)에 일어났고, 연대로 보면 B.C. 1322년부터 B.C. 1312년까지의 기간에 일어난 일들을 다루고 있다. 한편 룻기의 마지막 구절(룻 4:22)은 "실패의 역사"를 보여 주는 재판관기의 암울한 시대상(판 21:25)과 달리, 장차 등장할 "하나님의 마음에 맞는 왕" 다윗의 이름을 제시함으로 한줄기 "소망의 빛"을 제시하고 있다. 비록 룻은 "모압"의 이방 여인이었지만, 유다 지파에 속한 "엘리멜렉"의 집으로 시집와서 왕의 지파인 "유다 가문"에 속하게 된다. 시어머니 "나오미"를 향한 룻의 신실한 섬김은, 이스라엘의 하나님을 향한 신실함을 드러내 줄 뿐 아니라, 여러 세기에 걸쳐 성도들 모두에게 "현숙한 여인으로서의 모범"을 제시해 주기에 충분하다.

기근을 피해 모압 땅으로 들어간 나오미

『재판관들이 다스리던 때에 그 땅에 기근이 들었더라. 베들레헴유다의 어떤 사람이 자기 아내와 두 아들과 더불어 모압 땅에 기거하러 갔는데, 그 사람의 이름은 엘리멜렉이요, 그의 아내의 이름은 나오미며, 베들레헴유다의 에프랏인들인 두 아들의 이름은 말론과 킬리온이더라. 그들이 모압 땅으로 들어가 거기서 계속 거하였더라』(1,2절).

이스라엘 땅에 "기근"(성경에 등장하는 "네 번째 기근")이 들었을 때, "베들레헴유다" 출신의 "엘리멜렉"은 기근을 피해, 아내 "나오미"와 두 아들 "말론"과 "킬리온"을 데리고 모압 땅에 "기거하러" 들어가게 된다. "베들레헴"은 "빵집"이라는 뜻이고, "유다"는 "하나님을 찬양하는 것"을 의미한다. 말하자면 빵이 있어야 할 "빵집"에 기근이 들어 "빵"이 없는 재앙이 발생한 것이다. 이에 엘리멜렉의 가족은 빵을 구하기 위해 "약속의 땅"을 벗어나 이방 민족인 "모압 땅"으로 들어갔다. 재앙을 피해 보겠다고 선택한 방법이 "약속의 땅을 벗어나는 것"이었는데, 결국 그러한 잘못된 행보는 "또 다른 극심한 재앙"을 초래하고 말았다. 곧 "나오미"의 "남편"이 죽고 "두 아들"도 죽었으니(3-5절), 하나님께서는 "약속의 땅"을 떠나 우상 숭배의 땅으로 이주해 온 엘리멜렉의 집안을 불쾌하게 여기셨던 것이다.

나오미는 남편이 죽었을 당시(3절), 그때라도 즉시 "모압 땅"을 떠나 "약속의 땅"으로 돌아갔어야 했다. "빵집"으로 돌아가 "하나님을 찬양하는 삶"을 회복해야 했던 것이다. 하지만 나오미는 "베들레헴에 빵이 있다는 소식"을 들을 때까지(6절) 아예 돌아갈 생각조차 하지 않았다. 심지어 "두 아들"을 "이방 여인들"("룻"과 "오르파")과 혼인하게 함으로 "율법"을 어기기까지 했다(신 7:3). 특히

"모압"은 "암몬"과 더불어 『**그들의 십 대까지도 그들은 주의 회중에 영원히 들어가지**』(신 23:3) 못할 만큼 "저주받은 민족"이었다. 결국 이 일로 인해 나오미는 남편에 이어 "두 아들"마저 잃게 되고(5절), 그제야 비로소 약속의 땅으로 돌아갈 결심을 하게 된다(6절).

나오미가 유다 땅으로 돌아가려 할 때 처음에는 두 며느리도 함께 가려고 했으나(7절) 마음을 바꾸었고, 그들에게 각자 고향으로 돌아가 새로운 남편을 만나 새로운 인생을 살라고 하면서 "눈물의 작별 인사"를 나눴다(8,9절). 그러자 두 며느리는 나오미와 함께 이스라엘 땅으로 들어가겠다고 이야기한다(10절). 하지만 나오미는 작금에 자신의 가정 안에서 일어난 비극, 곧 "남편과 두 아들의 죽음"의 원인이 무엇인지 알고 있었고, 또 그에 대한 책임이 자기에게 있다는 사실을 잘 알고 있었기에 두 며느리가 자신을 따라 유다 땅으로 들어가는 것을 만류했다. 『**내 딸들아, 돌아가라. 어찌하여 너희가 나와 함께 가려 하느냐? 내 태에 아직도 아들들이 더 있어 너희 남편이 되겠느냐? 내 딸들아, 돌이켜 너희 길을 가라... 내 딸들아, 주의 손이 나를 치셨으므로 내가 너희로 인하여 마음이 심히 아프도다**』(11-13절). 나오미는 "현재 며느리들에게 무엇이 가장 필요한지," 또 "며느리들이 이 시점에서 무엇을 가장 필요로 하고 있는지" 잘 알고 있었다. 곧 "남편"이었던 것이다.

이 "선택의 기로"에서 "룻"과 "오르파"의 선택이 나뉘게 된다. 사람은 자기가 사랑하는 것으로 시험을 받기 전까지 진짜 시험을 받은 것이 아니다. "오르파"는 나오미의 "설득"에 자신이 남편을 얻을 가망성이 없다는 것을 깨닫고 하나님 대신 "남편"을 선택했다. 현실적으로 가장 중요한 문제를 선택한 것이다. 또한 그것은 그녀의 민족인 모압의 신들, 특히 "크모스"를 선택한 것이었다. 그동안 나오미와 함께 살면서 하나님에 대해 들었을 것이고, 엘리멜렉과 두 아들을 치신 "하나님의 손길"을 목도하면서 하나님의 두려우심을 몸소 경험했을 것이지만, 결국 자신이 더 사랑하는 것을 선택하고 말았다. 비록 오르파가 시어머니와 헤어지는 것이 너무 아쉽고 슬퍼서 "목소리를 높여" 울었다 해도(14절), 그것은 "육신적인 감정"에 따른 눈물이었을 뿐, 결국 그녀는 자기 민족과 자기 민족이 섬기는 신들을 선택함으로 자신의 주인은 모압인들이 섬기는 신들이라는 사실을 드러냈다. 영적인 견지에서 보면, 결국 "세상"을 선택함으로 자신이 "이 세상의 신"을 섬기는 "죄의 종"임을 드러내고 만 것이다(고후 4:4, 롬 6:16).

하나님을 선택한 룻

『그들이 목소리를 높여 다시 울더라. 오르파는 시어머니에게 입맞추었으나 룻은 그녀에게 붙는지라. 나오미가 말하기를 "보라, 네 동서는 자기 백성과 자기 신들에게로 돌아갔느니라. 너도 네 동서를 따라 돌아가라." 하니 룻이 말하기를 "나로 어머니를 떠나라고 하거나, 어머니를 따르는 것에서 떠나 돌아가라고 강권하지 마소서. 어머니가 가시는 곳에 나도 가고 어머니가 유숙하시는 곳에 나도 유숙하리이다. 어머니의 백성이 내 백성이 되고 어머니의 하나님이 내 하나님이 되시리이다. 어머니께서 죽으시는 곳에서 나도 죽고 거기서 장사되리니, 죽음 외에 그 무엇이 어머니와 나를 떼어놓는다면 주께서 내게 벌을 내리시고 더 내리시기를 원하나이다." 하더라. 나오미는 그녀가 자기와 함께 가려고 마음을 굳힌 것을 보고 그녀에게 말하기를 그치더라』(14-18절).

"룻"의 선택은 "오르파"와 달랐다. 그녀는 시어머니의 설득과 만류에도 불구하고 자신의 민족과 우상을 버리고 하나님을 선택했다. 당장의 현실적인 필요인 남편의 문제보다 영적으로 가장 중요한 부분, 곧 하나님을 선택한 것이다. 룻은 목숨을 걸고 나오미에게 밀착했다(17절). 이와 관련하여 룻기 2:12에서는

"룻이 이스라엘의 주 하나님의 날개 아래 의뢰하러 왔다"고 말씀한다. 이에 나오미는 "룻의 결심"이 확고한 것을 보고 더 이상 설득하지 않았다(18절). 이렇듯 룻은 "시어머니의 하나님"을 "자신의 하나님"으로 받아들이기 위해 모든 것을 포기했다. 새로운 남편과 재혼하는 것을 포기했고, 자신의 국가와 민족을 포기했으며, 자신의 가족과 친구와 고향을 포기했다. 자신이 그동안 섬겨 왔던 신들도 포기했다. 그리고 시어머니를 따라 유다 땅으로 들어가서 룻이 한 일은 하루 종일 밭에 나가 이삭을 주우며 생계를 유지하는 것이었다(룻 2:1-23). 그야말로 룻은 모든 것을 포기하고 하나님을 온전히 선택한 것이다.

진정으로 룻은 그 어떤 것보다도 하나님을 더 두려워함으로써 주님을 선택한 "현숙한 여인"이었다. 『**호의도 거짓되고 아름다움도 헛되나, 주를 두려워하는 여인은 칭찬을 받으리라**』(잠 31:30). 하나님을 향한 두려움은 "좋은 두려움"이다. "건전한 두려움"이며, "여러 가지 유익을 주는 두려움"이다(시 103:13,17, 잠 14:26; 16:6). 일각에서는 룻이 자기 동족과 그들이 섬기는 신들을 버리고 이스라엘과 이스라엘의 하나님을 선택한 것이 자기 동족을 배신한 행위처럼 보일지 모른다. 하지만 이 문제는 배신하고 말고의 문제로 국한시켜서는 안 된다. 오히려 이것은 "하나님의 편에 서 있는가, 그렇지 않은가"의 문제로 귀결시켜야 한다. 그래서 하나님의 편과 진리의 편에 서게 될 때, 피를 나눈 가족과 친척이 우리의 원수가 되는 경우가 종종 있다.

이제 나오미가 룻과 함께 베들레헴으로 돌아왔을 때 성읍은 술렁였다. 그들의 반응에 대해 나오미는 자신을 "나오미"(즐겁다)라 부르지 말고 "마라"(쓰다)로 불러달라고 요청했다(19-21절). 왜냐하면 『**전능하신 분께서**』 그녀를 『**심히 모질게**』 대하셨고(20절), 『**주께서**』 그녀를 『**빈손으로 다시 집에 돌아오게**』 하셨으며(21절), 또 그녀를 『**반대하여 증언하셨고... 고통을**』 주셨기(21절) 때문이다. 당시 나오미가 베들레헴으로 돌아온 시점은 『**보리 수확이 시작될 때**』(22절), 곧 늦은 3월부터 이른 5월까지의 무렵인데, "현숙한 여인" 룻은 "밭"으로 나가

(룻 2:2) 부지런히 이삭줍기를 하면서 곡식을 얻어 시어머니를 성심껏 섬겼다. 그런 가운데 하나님의 섭리적인 인도하심 속에서 "보아스"를 만나게 되고, 보아스로부터 "특별한 호의와 혜택"을 받게 된다.

시편 60:8과 108:9에는 "모압은 내 목욕통이요."라는 말씀이 나오는데, 어떤 설교자는 "목욕통," 곧 "washpot"이란 단어에서 힌트를 얻어 "wash"라는 단어를 운율로 삼아 "좋은 설교 개요"를 전달해 주었다. 특히 룻기에 나오는 인물들과 관련하여 세 종류의 "wash"가 있다고 말한 것인데, 곧 한 사람은 "쓸려가 버린(washed out) 사람"이고, 다른 한 사람은 "밀려들어 간(washed in) 사람"이며, 또 나머지 한 사람은 "씻긴(washed) 사람"이라는 것이다. "나오미"는 그녀의 고난에서 씻기고(washed) 깨끗해졌다. 한편 나오미의 며느리 "룻"은 좋은 가족 안으로 "밀려들어 갔고"(washed in), 또 다른 며느리 "오르파"는 아예 "쓸려가 버렸다"(washed out). 자신의 신들에게로 쓸려가 버린 것이다. 그런가 하면 "엘리멜렉"과 "두 아들"은 죽었기 때문에 완전히 "사라져 버렸다"(washed up).

■ 새롭게 깨달았거나 적용할 내용이 있다면 적어 보세요. ■

NOTES

제2과
부지런히 섬기는 룻(2장)

『그때 보아스가 추수꾼들을 관장하는 그의 종에게 말하기를 "이 사람이 누구의 소녀냐?"하니 추수꾼들을 관장하는 그 종이 대답하여 말하기를 "모압 땅에서 나오미와 함께 돌아온 모압 소녀이온데』(룻 2:5,6).

보아스의 밭에 "우연히" 찾아간 룻(1-3절)

『나오미에게는 남편의 친척 한 사람이 있었으니, 그는 부강한 자요, 엘리멜렉 가문으로, 그의 이름은 보아스더라. 모압 여인 룻이 나오미에게 말하기를 "이제 나로 밭에 가게 하소서. 내가 누구의 목전에 은혜를 얻으면 그의 뒤를 따라 이삭을 줍겠나이다." 하니 나오미가 그녀에게 말하기를 "내 딸아, 갈지어다." 하더라. 그녀가 가서 이르러 추수꾼들을 따라 밭에서 이삭을 주웠는데 우연히 엘리멜렉의 친족인 보아스에게 속한 밭의 한쪽에서 줍게 되었더라』(1-3절).

룻기의 진정한 "주인공"은 "보아스"이다. 왜냐하면 보아스는 예수 그리스도의 모형적 인물이기 때문이다. "보아스"란 이름의 두 가지 뜻인 "민첩"과 "강함"은 모두 주 예수 그리스도와 관련이 있다. "민첩"은 "오 나의 하나님이여, 내가 주의 뜻 행하기를 기뻐하오니"(시 40:8)의 예수 그리스도를 보여 주고(히 10:9,10), "강함"은 "나의 힘"으로서의 예수 그리스도를 보여 준다(시 18:1,2; 22:19; 28:7; 31:4; 43:2; 59:17; 62:7, 사 12:2; 49:5, 렘 16:19, 합 3:19). 따라서 "보아스"의 두 가지 의미 모두 주 예수 그리스도를 예표한다.

보아스는 "엘리멜렉 가문"이었으며 "부강한 자"였다(1절). **"부강한 자"로서의 보아스는 역시나 주 예수 그리스도를 예표한다. "우리 주 예수 그리스도의 은혜"는 『부요하신 분이 너희를 위하여 가난하게 되신 것은 그의 가난함으로 인하여 너희를 부요하게 되도록 하심』으로 나타났다(고후 8:9).** 사도 바울이 이방인들 앞에서 전파한 것은 『**헤아릴 수 없는 그리스도의 풍요함**』(엡 3:8)이었다. 하나님의 은혜의 풍요함은 『**그리스도 예수를 통하여**』(엡 2:7) 나타났고, 하나님께서는 우리의 필요를 『**그리스도 예수를 통하여 영광 가운데서 그의 풍**

요함을 따라』(빌 4:19) 채워 주신다.

나오미의 남편이었던 엘리멜렉과 보아스는 같은 족속에 속해 있었다. 엘리멜렉은 기근이 닥치자 "빵집"(베들레헴, 'Beth'(집) + 'Lehem'(빵))을 떠나 하나님의 대적과 함께 기거하러 갔고 모든 것을 잃어버렸다. 반면 보아스는 하나님을 신뢰하면서 "빵집"에 남아 있었고 하나님께서는 그를 "부강한 자"로 만드셨다. 이것은 룻과 아브라함의 상황과 비슷한데, 룻은 물이 풍부해서 가축 떼를 치기 좋은 소돔 평지를 택했고(창 13:10) 그 결과 자신의 구원을 제외한 모든 것을 잃어버렸다(벧후 2:7,8). 반대로 아브라함은 룻이 버린 쪽을 택했지만 룻이 갖지 못한 온 세상을 상속받게 되었다(롬 4:13). 결국 아브라함은 룻이 택한 땅까지 차지하게 된다(창 13:10,14). 『**누구든지 자기 생명을 구하고자 하면 잃을 것이요, 누구든지 나를 위하여 자기 생명을 잃으면 구하리라**』(눅 9:24). 룻 역시 모압에 모든 것을 남겨 두고 빈손으로 베들레헴에 와서 참 하나님을 경배하자 그 성읍의 가장 부유한 남자와 결혼하게 되었다.

『**모압 여인 룻이 나오미에게 말하기를 "이제 나로 밭에 가게 하소서. 내가 누구의 목전에 은혜를 얻으면 그의 뒤를 따라 이삭을 줍겠나이다**』(2절). 유대인들은 음식 살 돈이 없으면 다른 사람의 밭에 가서, 그곳 일꾼들이 추수하고 남은 곡식들로 이삭줍기를 할 수 있었다. 『**너희가 너희의 땅에서 수확을 거둘 때에 너는 네 밭의 모퉁이까지 다 거두지 말며 네 수확의 이삭들까지 줍지도 말지니라. 너는 네 포도원에 떨어진 것들을 줍지도 말며, 네 포도원에 떨어진 포도도 다 모으지 말고 가난한 자와 타국인을 위하여 남겨 둘지니라. 나는 주 너희 하나님이라**』(레 19:9,10). 모세의 율법은 유대인들이 그들의 밭을 완전히 추수해서는 안 되고 이삭을 약간 남겨 두어서 가난한 자들이 와서 양식을 구할 수 있게 하도록 규정하고 있다(레 23:22). 또한 추수하다 잊어버리고 남겨 두고 온 단이 있으면 가지러 가서는 안 되고 가난한 자들을 위해서 남겨 두어야 했다(신 24:19).

그런데 룻은 나오미에게 『**이제 나로 밭에 가게 하소서. 내가 누구의 목전에 은혜를 얻으면 그의 뒤를 따라 이삭을 줍겠나이다.**』라고 했다. 룻은 자신이 모세의 율법에 따라 이삭을 주울 자격이 없다고 생각한 것이다. 하지만 율법은 "타국인"(레 23:22; 신 24:19)에 대해서도 이삭줍기를 "당연하게" 허용했다. 이 점은 신약의 구원을 보여 주는데, "약속의 언약들로부터는 생소한 사람이었으며 소망도 없고 세상에서 하나님도 없었던"(엡 2:12) 우리를 하나님께서는 그분의 독생자를 주심으로써(엡 2:7-11) "은혜" 안으로 들어오게 하셨기 때문이다. 우리는 하나님의 은혜를 받을 자격이 없었지만 값없는 선물을 은혜로 받은 것이다. 『**그 범죄와는 다르지만 그 값없는 선물도 그러하도다. 만일 한 사람의 범죄로 인하여 많은 사람이 죽었다면 더욱더 하나님의 은혜와 한 사람 예수 그리스도로 인한 은혜로 말미암은 선물이 많은 사람에게 풍성하였느니라**』(롬 5:15).

룻은 "우연히 엘리멜렉의 친족인 보아스에게 속한 밭의 한쪽에서 줍게 되었는데"(3절), 하나님께서는 "우연"을 통제하셔서 성도를 그분의 섭리 가운데서 인도하신다. 룻은 하필 보아스의 밭에서 이삭을 줍게 되었다. 『**우리가 알거니와 하나님을 사랑하는 자들, 곧 그분의 목적에 따라 부르심을 받은 자들에게는 모든 일이 합력하여 선을 이루느니라**』(롬 8:28).

룻에게 보상하는 보아스(4-17절)

『보라, 보아스가 베들레헴으로부터 와서 추수꾼들에게 말하기를 "**주**께서 너희와 함께하시기를 원하노라." 하니 그들이 그에게 대답하기를 "**주**께서 당신에게 복 주시기를 원하나이다." 하더라. 그때 보아스가 추수꾼들을 관장하는 그의 종에게 말하기를 "이 사람이 누구의 소

> 너냐?" 하니 추수꾼들을 관장하는 그 종이 대답하여 말하기를 "모압 땅에서 나오미와 함께 돌아온 모압 소녀이온데, 그녀가 말하기를 '내가 청하오니 나로 추수꾼들을 따라 단 사이에서 이삭을 줍게 하소서.' 하였나이다. 그리하여 그녀가 집에서 잠시 쉰 것 말고는 와서 아침부터 지금까지 계속하였나이다." 하더라』(4-7절).

본문은 보아스가 룻을 최초로 만나는 장면이다. 보아스는 룻의 다소 "거무스름한" 피부를 보고서 그녀가 누구인지 궁금했을 것이다. 룻의 행실에 관해 들어 알고 있던(11절) 보아스는 주님께서 그녀의 행한 일을 갚아 주시고 이스라엘의 주 하나님께서 그분의 날개 아래(cf. 시 91:4, 마 23:37) 의뢰하러 온 룻에게 온전히 보상해 주시기를 바랐다(12절). 보아스는 자기 고향과 모압의 신들을 버리고 이스라엘의 하나님께로 온 룻에게 다른 밭에 가지 말고 자기의 소녀들에게 붙어 있으면서 이삭을 줍도록 허락했다(8절). 보아스는 그의 청년들에게 당부하여 룻을 건드리지 못하도록 했으며, 목이 마르면 청년들이 길어 온 물을 마시라고 했다(9절). 그러자 룻은 땅에 엎드려 절하면서 『**나는 타국인인데도 어찌하여 내가 당신 눈에 은혜를 얻으며 당신께서 나를 알아 주시나이까?**』(10절)라고 말했다. 보아스가 룻에게 은혜를 베푼 이유는 시어머니를 따라 자신이 알지 못하는 백성에게로 온 그녀의 효심 때문이었다(11,12절).

보아스는 룻이 "유대인"인 시어머니에게 신실하게 대한 점에 대해 자신이 갚아 주는 것이라고 말한다. 이 점은 하나님께서 아브라함에게 말씀하셨던 바와 일치했다. 『**너를 축복하는 자들에게 내가 복을 주고 너를 저주하는 자를 저주하리라**』(창 12:3). 이 약속은 아브라함 개인에게만 적용되는 것이 아니라 이삭, 야곱으로 이어지는 그의 후손들에게도 적용된다(창 27:29, 민 24:9).

백부장이 그리스도께 자기 종을 치유해 주시라고 요청하러 왔을 때 유대인들은 예수께 그 백부장이 그리스도의 도움을 "받을 만하다"(눅 7:4)고 말했다.

왜냐하면 그는 이스라엘 민족을 사랑하며 또 유대인들을 위하여 회당을 지어 주었기 때문이다(눅 7:5). 그 로마인은 이스라엘 민족에게 은혜를 베풀었고 유대인들은 하나님께서 하신 약속에 따라 그 이방인을 축복해 주실 것을 바란 것이다. 예수 그리스도께서 재림하시고 나서 민족들을 심판하실 때 그 심판의 기준은 이방인들의 믿음이나 그리스도의 피의 대속과 무관하다. 『**여기 내 형제들**[유대인들] **가운데 가장 작은 자 하나에게 한 것**[행위!]**이 곧 나에게 한 것이니라**』(마 25:40). 주님께서는 적그리스도를 거슬러 유대인들을 도와준 이방인들을 영생으로 인도하시고(마 25:46), 유대인들의 도와 달라는 호소를 무시한 이방인들은 영원한 형벌로 저주하실 것이다(마 25:46,41). 이방인인 룻은 "유대인" 시어머니를 도운 이유로 "유대인" 보아스로부터 복을 받는다. 『**주께서 너의 행한 일을 갚아 주시고 이스라엘의 주 하나님께서 그분의 날개 아래 의뢰하러 온 너에게 온전히 보상해 주시기를 원하노라**』(12절).

하나님께서는 그분을 열심히 찾는 자들에게 보상하는 분이시다(히 11:6). 모세는 파라오의 딸의 아들이라 불리는 것을 포기하고 하나님의 백성과 함께 고난받는 길을 택했는데, 이는 그가 상 주심을 바라보았기 때문이다(히 11:24-26). 룻은 모압의 자기 신들과 가족과 고향을 떠나 주와 주의 백성에게 들어오면 하나님께서 이런 보상을 해 주실 것을 알지 못했지만 그렇게 했다. 그리고 그녀는 보상을 받았다. "유대인" 시어머니에 대한 효심 때문에(cf. 18절) 창세기 12:3에 따라 보상을 받은 것이다. 보아스는 룻이 식사 때에는 그와 함께 빵과 볶은 곡식을 먹게 했고(14절), 청년들에게 명하여 룻이 주울 이삭을 일부러 한 줌씩 떨어뜨리게 했고 이삭을 줍는 룻을 꾸짖지 말라고 했다(15,16절). 룻이 저녁까지 주운 이삭이 보리 한 에바(28kg)쯤 되었다(17절). 이런 면에서 보아스는 구약적 의미에서 "의로운" 사람이었다(욥 31:16-22, 약 1:27; 2:15,16). <u>신약적 의미에서 의로운 사람은 예수 그리스도를 믿음으로써 "하나님의 의"를 소유한 사람이다(롬 3:21-28)</u>.

룻과 보아스의 결합을 원한 나오미(18-23절)

『그녀가 그것을 취하여 성읍으로 들어가자, 그녀의 시어머니가 그녀가 주운 것을 보더라. 그녀가 배불리 먹고 남긴 것을 가져가 시어머니에게 주더라. 그러자 그녀의 시어머니가 그녀에게 말하기를 "오늘 네가 어디서 이삭을 주웠느냐? 어디서 네가 일하였느냐? 너를 알아 준 자는 복을 받을지어다." 하니 룻이 그녀의 시어머니에게 그녀와 함께 일한 그 사람을 알려 주며 말하기를 "오늘 내가 함께 일한 사람의 이름은 보아스니이다." 하더라. 나오미가 그녀의 며느리에게 말하기를 "산 자와 죽은 자에게서 그의 친절을 거두지 아니한 그 사람이 **주**로부터 복받기를 원하노라." 하고 또 나오미가 그녀에게 말하기를 "그 사람은 우리에게 가까운 친족이며 우리의 다음 친척 중 하나니라." 하더라』(18-20절).

룻은 보릿자루를 들고 나오미에게 돌아와서 그녀가 점심 때 남긴 곡식들로 저녁을 준비해 시어머니를 대접했다. **『만일 어떤 과부에게 자녀나 자손들이 있거든 그들로 먼저 집에서 효도를 행하여 자기 부모에게 보답하는 것을 배우게 하라. 이것이 하나님 앞에 선하고 기뻐하실 만한 것이라』**(딤전 5:4). 룻이 가져온 것은 그녀가 "배불리 먹고" 남긴 것이었다. 그것은 보아스가 제공한 것이었다. **보아스가 예표하는 예수 그리스도께서는 믿는 성도들을 만족케 하실 수 있는 분이시다**. 만일 우리가 다른 데서 만족을 찾으려 하면 우리는 불순종하는(cf. 고후 3:5) 것일 뿐만 어떤 만족도 얻을 수 없게 된다. **세상은 결코 만족할 수 없는 것을 추구하지만(사 55:2), 그리스도인은 예수 그리스도로 인하여 완전한 만족을 누릴 수 있다(시 36:7-9)**.

나오미는 누가 룻에게 은혜를 베풀었는지에 관해 궁금해했고, 보아스라는 이름을 듣자 하나님을 찬양했다. 『**산 자와 죽은 자에게서 그의 친절을 거두지 아니한 그 사람이 주로부터 복받기를 원하노라**』(룻 2:20). 나오미는 하나님의 섭리적인 손길이 룻을 인도하여 보아스의 밭으로 데려가셨음을 알았는데, 이는 보아스가 나오미의 죽은 남편의 가까운 친족이었기 때문이다. 이때 나오미가 떠올린 것은 율법의 "형사취수"(兄死娶嫂) 제도였다. 『**형제들이 함께 거하는데 그 중 한 명이 죽고 자식이 없으면 죽은 자의 아내는 나가서 타인에게 혼인하지 말 것이요, 그녀의 남편의 형제가 그녀에게로 들어가서 그가 그녀를 아내로 삼아 그녀에게 남편의 형제 된 의무를 이행할 것이니라. 그녀가 낳은 첫태생으로 죽은 자기 형제의 이름을 이어받게 하여 그의 이름을 이스라엘에서 끊어지지 않게 할지니라**』(신 25:5,6). <u>이것을 신학적으로는 "친족 구속"이라고 부른다</u>.

나오미는 룻과 보아스가 율법에 근거해서 맺어지기를 원한다. 나오미가 며느리에게 한 충고, 곧 『**내 딸아, 네가 그의 여종들과 함께 나가고 그들이 너를 어느 다른 밭에서 만나지 않는 것이 좋으니라.**』(22절)는 보아스가 8절에서 했던 말과 일치한다. 『**그러자 보아스가 룻에게 말하기를 "내 딸아, 네가 듣지 아니하냐? 이삭을 주우러 다른 밭으로 가지 말며, 여기서 떠나지 말고 여기 내 소녀들 곁에 있으라.**』 나오미가 했던 말의 의미는 룻에게 큰 호의를 베푼 사람에 대해 마음에서 우러나오는 감사를 표하라는 것이었다.

이 점은 모형적으로 그리스도인이 자신의 구주께 드리는 헌신을 보여 준다. 구주께서 나를 사랑하셔서 내 죄들을 대신해서 죽으시고 지옥의 형벌에서 나를 구원해 주셨다면, 내가 주님을 따를 뿐만 아니라 주님을 사랑하는 성도들과 밀착하는 것은 당연한 일이다. 내가 나의 구주를 사랑한다면 나는 더 이상 "이 악한 현 세상"(갈 1:4)인 "들판"을 방황해서는 안 된다. 구주 예수 그리스도의 희생으로 하나님의 자녀가 되었기 때문에 더 이상 이 세상의 "열매 없는 어두움의 일들에 관여하지 말고"(엡 5:11) 예수 그리스도께 밀착하여 따라야 한다. 『**그리하여 그녀가 보리 추수와 밀 추수가 끝날 때까지 이삭을 줍기 위해 보아스의 여종들에게 가까이 있었으며 그녀의 시어머니와 함께 거하였더라**』(21-23절).

■ 새롭게 깨달았거나 적용할 내용이 있다면 적어 보세요. ■

제2과
복습문제

1. 룻기의 진정한 "주인공"은 "보아스"이다. 왜냐하면 룻기에 나오는 보아스는 (   )의 모형적 인물이기 때문이다.

2. 유대인들은 음식 살 돈이 없으면 다른 사람의 밭에 가서, 그곳 일꾼들이 추수하고 남은 곡식들로 (   )를 할 수 있었다.

3. 룻은 "우연히 엘리멜렉의 친족인 보아스에게 속한 밭의 한쪽에서 줍게 되었는데"(3절), 하나님께서는 (   )을 통제하셔서 성도를 그분의 섭리 가운데서 인도하신다.

4. 주님께서는 적그리스도를 거슬러 (   )을 도와준 이방인들을 영생으로 인도하시고(마 25:46), (   )의 도와 달라는 호소를 무시한 이방인들은 영원한 형벌로 저주하실 것이다(마 25:46,41).

5. 신약적 의미에서 의로운 사람은 예수 그리스도를 믿음으로써 하나님의 (   )를 소유한 사람이다(롬 3:21-28).

■ 복습 문제의 정답은 홈페이지(www.solomonbtc.org)에서 확인할 수 있습니다.

NOTES

NOTES

제3과

안식을 누리는 현숙한 여인 룻(3장)

『룻이 그녀의 시어머니에게 가자 그녀가 말하기를 "내 딸아, 네가 누구냐?" 하니 룻이 그 사람이 자기에게 행한 것을 그녀에게 다 말하더라』(3:16).

보아스의 "발치를 들춘" 룻(1-6절)

『그후 그녀의 시어머니 나오미가 그녀에게 말하기를 "내 딸아, 내가 너를 위하여 안식을 구하지 아니하랴? 그것이 네게 좋을 것이니라. 이제 네가 함께하였던 여종들을 둔 우리의 친족 보아스가 있지 아니하냐? 보라, 그가 오늘 밤 타작마당에서 보리를 키질하느니라. 그러므로 너는 목욕을 하고 기름을 바르고 옷을 입고 타작마당으로 내려가서, 그가 먹고 마시기를 다하기까지 그 사람이 너를 보지 못하게 하고 그가 누울 때 너는 그가 눕는 곳을 알았다가 너도 들어가서 그의 발치를 들추고 누우라. 그리하면 네가 어찌해야 되는지를 그가 네게 말하리라." 하자 룻이 그녀에게 말하기를 "어머니께서 내게 말씀하신 모든 것을 내가 행하리이다." 하더라. 그녀가 타작마당으로 내려가서 그녀의 시어머니가 자기에게 명한 대로 하니라』(1-6절).

『내 딸아, 내가 너를 위하여 안식을 구하지 아니하랴?』(1절) **본문의 "안식"은 남편이 아내에게 필요를 공급해 주는 "결혼의 안식"을 말한다.** **『주께서 너희 각자가 자기 남편의 집에서 평안함을 얻도록 허락하시기를 원하노라』**(룻 1:9). 성경은 여성이 직업을 갖는 것을 반대하지 않는다(룻 2장, 행 16:14). 성경이 가르치는 것은 여성이 결혼하면 남편이 생계를 책임져야 한다는 것이다. 가장이 가족을 돌보는 것이 합당하며(딤전 5:8), 아내는 "아이들을 낳고" "집안일을 돌보아야"(딤전 5:14) 한다. 1절의 "안식"은 룻이 "생계를 위해 일하는 것을 멈춘다"는 뜻이다. 식탁에 빵을 가져올 책임은 남편에게 있다. 이것은 그리스도의 신부가 더 이상 구원받기 위해 일하지 않는 것을 모형적으로 예시한다. **『수고하고 무거운 짐진 자들아, 다 내게로 오라. 그러면 내가 너희에게 쉼을 주리라.**

나는 마음이 온유하고 겸손하니, 내 멍에를 메고 나에게서 배우라. 그리하면 너희가 너희 혼에 쉼을 얻으리라』(마 11:28,29). 『**행함이 없어도 불경건한 자를 의롭다 하시는 그분을 믿는 사람에게는 그의 믿음이 의로 여겨지느니라**』(롬 4:5).

나오미는 룻의 남편으로서 엘리멜렉의 친족인 보아스를 언급한다(2절). 보리를 추수했으니 타작마당에서 보리를 키질할 차례인데 "오늘 밤" 보아스가 그의 타작마당에 있을 것임을 룻에게 알려 준다(2절). 키질은 바람을 이용해 곡식 낟알들을 이삭으로부터 분리시키는 작업인데, 지중해 쪽에서 불어오는 바닷바람은 밤에 불기 때문에 가나안 땅에서는 키질을 주로 밤에 했다.

나오미는 룻이 목욕 후 단장을 하고 타작마당으로 내려가 보아스가 먹고 마시기를 다하기까지 몰래 숨어 있으라고 말한다(3절). 보아스가 누울 때 그가 눕는 곳을 알아 두었다가 룻도 들어가서 "그의 발치를 들추고 누우면" 룻이 어찌해야 되는지를 보아스가 말해 줄 것이라고 일러준다(4절).

"발치를 들추는 것"의 의미는 신명기 25:7-10의 "친족 구속"에 관한 율법에 명시되어 있다. 『**만일 그 사람이 자기 형제의 아내를 얻는 것을 좋아하지 아니하면, 그의 형제의 아내는 성문 장로들에게 올라가서 말하기를 "내 남편의 형제가 이스라엘에서 자기 형제에게 이름을 세워 주기를 싫어하여 그가 내 남편의 형제의 의무를 이행하지 않나이다." 할 것이요 그러면 그의 성읍의 장로들은 그를 불러서 그에게 말할지니 만일 그가 입장을 고수하여 말하기를 "나는 그녀를 취하고 싶지 않노라." 하면, 그의 형제의 아내는 장로들의 면전에서 그에게 다가가서, 그의 발에서 그의 신을 벗기고 그의 얼굴에 침을 뱉으며 대답하여 말하기를 "자기 형제의 집을 세우기를 원치 않는 자에게는 이렇게 할지니, 이스라엘에서 그의 이름을 자기 신을 벗은 자의 집이라 부르리라." 할지니라.**』 친족인 남자가 형제의 대를 잇기 위한 의무를 거절하면 과부는 『**이스라엘에서 그의 이름을 자기 신을 벗은 자의 집이라 부르리라.**』라고 말한다. 따라서 룻이 보아스의 발치를 들춘 행위는 다음과 같은 무언의 고함이 된다. "당신은 저의 가까운 친족이니 저와 결혼해서 죽은 친족의 대를 잇는 것은 당신의 의무입니다. 이제 결정하십시오. 저와 결혼을 할지, 아니면 신을 벗고 당신의 발을 드러낼 것인지."

『**네가 어찌해야 되는지를 그가 네게 말하리라**』(4절). 여기서 보아스는 또다시 그리스도의 모형이 된다. 요한복음 2장의 갈릴리 카나의 혼인 잔치에서 마리아는 그 집의 종들에게 예수님에 관해 다음과 같이 말했다. 『**그가 너희에게 무엇을 말씀하시든지 그대로 행하라**』(요 2:5). 종은 주인이 명령하는 대로 섬기는 사람이다. 종이 주인에게 명령하는 것이 아니라 주인이 종에게 명령한다. 주님께서는 "종들"을 통해서 역사하신다. 『**예수께서 그들에게 말씀하시기를 "통을 물로 채우라."고 하시니, 그들이 아구까지 채우더라**』(요 2:7). 그리스도인은 『**예수 그리스도의 종**』(빌 1:1)으로 부름 받았다. 그리스도인은 주인이신 주님의 명령을 신실하게 수행하는 종이 되어야 한다. 룻은 나오미가 명한 대로 행했고(5,6,18절), 보아스가 말한 대로도 행했다(13-15절).

"친척의 몫"을 행하리라고 다짐하는 보아스(7-13절)

『보아스가 먹고 마시고 그의 마음이 즐거울 때 그가 가서 곡식더미 끝에 눕자 그녀가 가만히 가서 그의 발치를 들추고 누웠더라. 한밤중에 그 사람이 무서워하여 몸을 돌이키니, 보라, 한 여자가 그의 발치에 누워 있는지라. 그가 말하기를 "네가 누구냐?"하니 그녀가 대답하기를 "나는 당신의 여종 룻이오니, 당신의 옷자락으로 당신의 여종을 덮으소서. 당신은 가까운 친척이니이다." 하자 그가 말하기를 "내 딸아, 네가 **주**로부터 복받기를 원하노라. 이는 네가 가난하든지 부유하든지

간에 청년들을 따르지 아니하였음이니, 네가 처음보다 나중에 더 큰 친절을 베풀었도다. 내 딸아, 이제 두려워 말라. 네가 원하는 대로 내가 네게 다 행하리라. 이는 내 백성의 모든 성읍이 네가 현숙한 여인임을 알기 때문이니라. 또 이제 내가 너의 가까운 친척인 것이 사실이나 나보다 더 가까운 친척이 있느니라. 이 밤은 머무르라. 아침에 만일 그가 네게 친척의 몫을 이행하겠다 하면 그로 친척의 몫을 행하게 하라. 그러나 만일 그가 친척의 몫을 네게 행하려 하지 아니하면 **주**께서 살아 계시는 한, 내가 네게 친척의 몫을 행하리라. 아침까지 누울지니라." 하더라』(7-13절).

"보아스가 먹고 마시고 그의 마음이 즐거울 때 자신이 키질한 보리를 쌓아둔 "곡식더미 끝에" 가서 눕자 보아스가 잠든 걸 확인한 룻이 가만히 가서 그의 발치를 들추고 누웠다(7절). 별빛밖에 보이지 않는 칠흑 같은 한밤중에 발 쪽이 이상해서 깬 보아스는 자기 발치에 어떤 여자가 누워 있는 것을 발견하고서 무서워했다(8절). 어두워서 정체를 분간할 수 없던 보아스는 "네가 누구냐?"라고 물었고, 룻은 『**나는 당신의 여종 룻이오니, 당신의 옷자락으로 당신의 여종을 덮으소서. 당신은 가까운 친척이니이다.**』(9절)라고 했다. "당신의 옷자락으로 당신의 여종을 덮어 달라"는 룻의 말은 암탉이 병아리들을 자기 날개 아래로 모아들여 보호하는 행동을 의미한다(눅 13:34). 그녀의 말은 "저를 당신의 아내로 삼아 당신의 보호 아래 있게 해 주십시오."라는 뜻이며, 그녀는 보아스에게 청혼을 하고 있었던 것이다. 하나님께서는 이스라엘에 관해 에스겔 16:8에서 말씀하셨다. 『**이제 내가 네 곁을 지나며 너를 보았더니, 보라, 네 때가 사랑의 때라. 내가 내 옷으로 네 위에 펴서 네 벗은 몸을 덮어 주며 네게 맹세하고 너와 더불어 언약을 맺어 네가 내 것이 되게 하였느니라. 주 하나님이 말하노라.**』 에스겔서의 이 말씀은 버림받은 여인처럼 그 누구도 보살펴 주지 않는 이스라엘에게 하나님께서 은혜를 베푸시고 언약을 맺어 아내로 맞아 주셨던 역사적 사건에 적용된다. 『**너를 지으신 분이 네 남편이니 만군의 주가 그의 이름이며, 너의 구속주, 이스라엘의 거룩한 분이라. 그가 '온 땅의 하나님이라.' 칭함을 받으리라. 네가 거절 당했을 때 주가, 버림받고 영 안에서 슬퍼하는 여인같이, 젊은 아내같이 너를 불렀노라. 네 하나님이 말하노라**』(사 54:5,6). 이 말씀은 교리적으로 대환란을 거치고 난 후 천년왕국 시대로 들어갈 때의 이스라엘에게 적용된다. 『**그 날에는... 또 내가 너를 내게 영원히 정혼시키리니, 정녕, 내가 너를 의와 공의와 자애와 자비들로 내게 정혼시키리라. 내가 신실함으로 너를 내게 정혼시킬 것이니 네가 주를 알게 되리라**』(호 2:18-20). 영적 간음으로 인해 이혼당한 아내와 같은 이스라엘은 대환란을 거친 후 여호와 하나님의 아내로서 회복된다.

『**당신의 옷자락**[thy skirt]』이라는 말은 보아스가 바지가 아닌 "스커트"를 입었음을 뜻한다. 미국의 근본주의자들은 신명기 22:5(『**여자는 남자에게 속한 옷을 입지 말 것이며 남자도 여자의 의복을 입지 말지니 이는 그렇게 행하는 모든 자는 주 너의 하나님께 가증함이니라.**』)을 근거로 여자들은 바지를 입으면 안 된다고 주장하는데 이 구절이 그러한 생각을 반박한다. 신약 그리스도인 자매들에게 주어진 명령은 『**검소한 옷차림으로 스스로를 단장하되 수줍음과 정숙함으로 하며**』(딤전 2:9)이다. 때로 치마보다는 여성용 바지나 통이 넓은 치마바지가 더 검소한 옷차림일 수 있다.

『**네가 처음보다 나중에 더 큰 친절을 베풀었도다.**』(10절)라는 보아스의 말은 룻이 나오미에게 보인 친절보다 보아스에게 더 큰 친절을 베풀었다는 뜻이다. 그녀는 오르파처럼 보아스보다 더 젊고 부유한 남자를 고를 수도 있었다. 그러나 룻은 결혼에 목을 맨 여인이 아니었다. 보아스는 룻이 원하는 대로 행하겠다고 약속을 하는데, 그 이유는 이스라엘 백성의 모든 성읍이 룻이 현숙한 여인임을 알기 때문이었다(11절). 룻은 보아스와 음행하려고 간 것이 아니었고, 보아스 역시 룻의 덕을 높이 샀다. 아무도 보지 못하는 밤중이라고 해서 그녀를 범하려 하지 않았다. 보아스는 룻이 덕을 갖춘 여인이며 참 하나님을 두려워할 줄 안다는 점에 관심을 가졌다. 『**호의도 거짓되고 아름다움도 헛되나, 주를 두려워하는 여인은 칭찬을 받으리라**』(잠 31:30). 그리스도인 형제들은 배우자를 고를 때 이 점에 주의해야 한다. 자매들도 마찬가지이다.

보아스는 한 가지 문제점을 이야기하는데 자기보다 더 가까운 친척이 있다는 점이었다(12절). 베들레헴에는 보아스보다 엘리멜렉과 더 가까운 친족 남자가 살고 있었다. 가장 가까운 친족이 룻과 결혼함으로써 나오미의 유업을 구속할 선택권이 있었다. 보아스는 자신이 그 친족의 의사를 물어볼 것이므로 아침까지 머물다가 가라고 룻에게 말했다(13절). 보아스는 자기보다 더 가까운 친족이 친족 구속자의 의무를 거절하면 보아스 자신에게 선택권이 돌아올 것인즉, 그러면 『**주께서 살아 계시는 한, 내가 네게 친척의 몫을 행하리라.**』(13절)라고 룻에게 맹세했다.

시어머니 집에서 결과를 기다리는 룻(14-18절)

『그녀가 이른 아침까지 그의 발치에 누웠다가 사람이 서로 알아볼 수 있기 전에 일어나자, 그가 말하기를 "여자가 타작마당에 들어온 것이 알려지지 않도록 해야 되리라." 하고 또 그가 말하기를 "네가 걸치고 있는 너울을 가져다가 잡으라." 하더라. 그녀가 그것을 잡자 그가 보리 여섯 되를 되어서 지게 하니, 그녀가 성읍으로 들어가더라. 룻이 그녀의 시어머니에게 가자 그녀가 말하기를 "내 딸아, 네가 누구냐?" 하니 룻이 그 사람이 자기에게 행한 것을 그녀에게 다 말하더라. 또 룻이 말하기를 "그가 이 보리 여섯 되를 내게 주며 말하기를 '네 시어머니에게 빈손으

로 가지 말라.' 하더이다." 하더라. 그러자 시어머니가 말하기를 "내 딸아, 이 일이 어떻게 될지 네가 알 때까지 가만히 앉아 있으라. 그 사람이 오늘 그 일을 끝내기까지는 쉬지 아니할 것이라." 하더라』(14-18절).

보아스와 룻은 남녀가 타작마당에 누워 밤을 새웠으면서도 성관계를 갖지 않았다. 그럼에도 보아스는 『**여자가 타작마당에 들어온 것이 알려지지 않도록 해야 되리라.**』(14절)라고 했는데, 이는 그들 사이에 아무 일도 없었을지라도 사람들이 그녀를 보면 잘못된 결론을 내리고 악한 소문을 퍼뜨릴 수 있었기 때문이다. 그래서 바울은 이렇게 말했다. 『**악은 어떤 형태이든지 피하라**』(살전 5:22). 보아스는 자신이 "악"을 행할 것이라는 염려를 하지 않았다. 룻에게 접촉하지도 않았다. 그렇다 해도 룻이 타작마당에서 나가는 것을 누가 보기라도 하면 그 두 사람이 음행을 저지른 것처럼 보일 수가 있다. 보아스는 이 점을 염려했던 것이다. **성도는 죄를 지은 것으로 오해할 만한 행동을 삼가야 한다.**

이제 보아스는 자신에게 몫이 돌아온다면 룻의 친족 구속자가 될 것을 맹세했고 그 약속의 "보증"으로서 그녀에게 "보리 여섯 되"를 준다. 신약에서는 하나님께서 『**우리 마음속에 성령의 보증을 주셨느니라.**』(고후 1:22; 5:5)라고 말씀한다. 이 말씀의 뜻은 "**그리스도께서 값 주고 사신 우리의 몸이(고전 6:19,20) 휴거 때 구속받기(엡 1:14; 롬 8:23) 전까지 성령님께서 우리 구속의 보증이 되어 주신다**"는 것이다.

『**그녀가 성읍으로 들어가더라**』(15절). 이 말씀은 〈킹제임스성경〉이 공격을 받는 부분이다. 〈킹제임스성경〉의 "모순"으로 지적되는 대표적인 말씀이다. 〈킹제임스성경〉의 어떤 판본에는 "그가 성읍으로 들어가더라."라고 되어 있기 때문이다. 하지만 양쪽이 모두 옳을 수 있다. 룻만 "성읍으로 들어간"(16절) 것이 아니라 보아스도 들어갔기(4:1) 때문이다! 성경이 두 사람 모두 성읍에 들어

갔다고 말씀하기 때문에 "그녀"가 성읍으로 들어가든, "그"가 성읍으로 들어가든 두 번역에 모두 문제가 없다.

룻이 그녀의 시어머니에게 가자 나오미는 『**내 딸아, 네가 누구냐?**』(16절)라고 묻는다. 나오미가 "룻"을 몰라봐서 물은 것이 아니라, 며느리 룻이 "보아스 부인"이 된 것인지를 묻고 있을 뿐이다. 나오미는 룻이 보아스와 타작마당에서 결합했을 것이라는 생각에 그렇게 물었다. **성경에서 "결혼"은 "육체와 육체의 결합"을 뜻한다(창** 2:24, **신** 21:10-13; 22:13-30, **마** 19:5,6, **롬** 7:2,3, **고전** 6:16, **엡** 5:31). 나오미는 룻의 "<u>혼인 여부</u>"에 대해 묻고 있는 것이다. 룻은 보아스가 자기에게 행한 것을 모두 말해 주었는데(16절), 그녀는 나오미가 질문한 의도를 알았던 것이다. 보아스가 룻에게 "행한 것"은 그녀를 구속하겠다는 약속의 징표로 "보리 여섯 되"를 준 것 외에 다른 일이 없었다. 결혼(육체와 육체의 결합)은 일어나지 않았고 그녀는 여전히 "룻"으로 남아 있었다.

"결혼"은 "결혼식"과 동의어가 아니다. 구약에서 이스라엘은 여호와의 아내였다. 이스라엘 백성이 영적 간음을 저지르자 하나님께서는 그녀와 이혼하셨다(사 50:1, 렘 3:8). 그 후 말씀하시기를 『**그녀가 내 아내가 아니고 나도 그녀의 남편이 아님이라.**』(호 2:2)라고 하셨다. 이혼은 남녀가 육체적으로 결합한 다음 어느 한쪽이 배우자 외의 다른 남녀와 결합할 때 발생한다. 말하자면 "이혼증서"(막 10:4)는 법적 절차에 불과하다. 당신이 이혼으로 아내에게서 놓였다면 당신은 더 이상 그녀와 결혼한 상태가 아니다(고전 7:27). 감독과 집사의 자격 조건 중에 한 아내만 있어야 한다는 것이 있다(딤전 3:2,12, 딛 1:6). 그것은 "일부다처"를 금한다는 뜻이다.

『그러자 시어머니가 말하기를 "내 딸아, 이 일이 어떻게 될지 네가 알 때까

지 가만히 앉아 있으라. 그 사람이 오늘 그 일을 끝내기까지는 쉬지 아니할 것이라." 하더라』(18절). 룻은 "**보아스와 다른 친족 간에 논의가 끝나기까지**" 시어머니의 집에 머무른다. 이 점은 그리스도의 헌신에 관한 영적 교훈을 보여주는데, 죄인은 "**그리스도께서 완성하신 사역에 의지해서**" 구원을 받는다는 것이다. 룻은 보아스에게 친족 구속자가 되어 달라고 청하는 것이 그녀가 할 수 있는 일의 전부였다. 그 다음부터는 모든 일이 "보아스"에게 달렸다. 그리스도께서는 아버지께서 맡기신 일을 완성하기 위해 이 땅에 오셨고(요 4:34; 17:4), 그 일을 완성하셨다(요 19:30). "**한 번의 속죄제를 영원히 드리신 후**"(히 10:12) "**믿는 모든 사람에게 의가 되시고자 율법의 끝이 되셨다**"(롬 10:4).

■ 새롭게 깨달았거나 적용할 내용이 있다면 적어 보세요. ■

제3과
복습문제

1. 『내 딸아, 내가 너를 위하여 안식을 구하지 아니하랴?』(3:1)라는 나오미의 말에서 "안식"은 남편이 아내에게 필요를 공급해 주는 "(　　　　　)의 안식"을 말한다.

2. 영적 간음으로 인해 이혼당한 아내와 같은 이스라엘은 대환란을 거친 후 여호와 하나님의 (　　　　　)로서 회복된다.

3. 그리스도께서 값 주고 사신 우리의 (　　　　)이(고전 6:19,20) 휴거 때 구속받기(엡 1:14, 롬 8:23) 전까지 성령님께서 우리 구속의 보증이 되어 주신다.

4. 성경에서 "결혼"은 "육체와 육체의 (　　　　　)"을 뜻한다.

5. 죄인은 "그리스도께서 (　　　　　)하신 사역에 의지해서" 구원을 받는다.

6. 예수 그리스도께서는 "한 번의 속죄제를 (　　　　　) 드리신 후"(히 10:12) "믿는 모든 사람에게 의가 되시고자 율법의 (　　　　)이 되셨다"(롬 10:4).

■ 복습 문제의 정답은 홈페이지(www.solomonbtc.org)에서 확인할 수 있습니다.

NOTES

제4과

하나님으로부터 보상받는 룻 (4장)

『그 이웃 여인들이 그에게 이름을 주며 말하기를 "나오미에게 아들이 태어났다." 하여 그들이 그의 이름을 오벳이라 불렀으니, 그가 다윗의 아버지인 이새의 아버지니라』 (룻 4:17).

현숙한 여인 룻

"룻"이 "현숙한 여인"인 이유는 다음과 같다. 첫째, "하나님을 두려워함으로써 하나님을 선택한 여인"이기 때문이다(룻 1:16,17, 잠 31:30). 둘째, "선한 일만 행하는 충실한 여인"이기 때문이다(룻 2:7,11,12, 잠 31:12). 셋째, "자발적으로 열심히 일하는 여인"이기 때문이다(룻 2:7, 잠 31:13,14). 넷째, "부지런한 여인"이기 때문이다(룻 2:7, 잠 31:15). 다섯째, "지치지 않으며 힘이 넘치도록 일하는 여인"이기 때문이다(룻 2:7, 잠 31:17). 여섯째, "친절을 베풀 줄 아는 여인"이기 때문이다(룻 3:10,11, 잠 31:26). 일곱째, "집안을 잘 세우는 여인"이기 때문이다(룻 4:11, 잠 31:21,23,27). 여덟째, "그리스도의 계보"에 들어옴으로써 칭찬받을 만큼 "성읍에서 잘 알려진 여인"이기 때문이다(룻 4:13-22, 잠 31:31).

■ 새롭게 깨달았거나 적용할 내용이 있다면 적어 보세요. ■

율법의 규례에 따라 룻을 아내로 취한 보아스

『그후 보아스가 성문에 올라가서 거기 앉아 있는데, 보라, 보아스가 말한 그 친척이 지나가는지라, 보아스가 그에게 말하기를 "어이 아무개여! 돌이켜서 이리 앉으라." 하니, 그가 돌이켜서 앉더라... 내가 네게 알리기로 생각하고 말하노니, 이 거민들과 내 백성의 장로들 앞에서 그것을 사라. 네가 그것에 값을 치르려 하면 값을 치르라. 그러나 만일 네가 값을 치르지 않으려거든 내게 말하여 나로 알게 하라. 이는 너 외에는 그것에 값을 치를 자가 아무도 없음이라. 나는 네 다음이라." 하니 그가 말하기를 "내가 그 값을 치르리라." 하더라. 그러자 보아스가 말하기를 "네가 나오미의 손에서 그 밭을 사는 날, 너는 죽은 자의 이름을 그 유업 위에 일으키기 위해 그 죽은 자의 아내인 모압 여인 룻에게서도 그것을 사게 되는 것이라." 하더라. 그 친척이 말하기를 "나는 나의 유업이 손해를 입을까 하여 나를 위해 값을 치르지 못하겠노라. 내 권리를 네게 주노니, 네가 값을 치르라. 나는 그것에 값을 치르지 못하겠노라." 하더라. 옛날 이스라엘에서 값을 치르고 교환하는 일에 관하여 모든 일을 확증하는 관습이 이것이었으니, 즉 사람이 자기 신을 벗어 그것을 그의 이웃에게 주는 것이더라. 이것이 이스라엘에서 증거가 되었더라. 그러므로 그 친척이 보아스에게 말하기를 "네가 그것을 사라." 하고 그가 자기 신을 벗더라』(1-8절).

보아스는 자신보다 더 가까운 친척을 만나 "엘리멜렉 가문의 유업을 세우고 유지할 의사"가 있는지 물었는데, 그 친척이 처음에는 "그렇게 하겠다는 의사"를 표명했다가(4절), "모압 여인 룻을 아내로 취해야 한다"(5절)는 말이 나오자 그 권리를 보아스에게 양도했다(6-8절). 이에 보아스는 "그 친척의 권리"를 양도받아 "율법의 규례"에 따라 값을 치르고 샀으며, 그에 따른 합법적인 방법으로 룻을 아내로 취했다(9,10절). 이것은 신명기 25장에 나오는 규례를 따른 것이다.

『형제들이 함께 거하는데 그 중 한 명이 죽고 자식이 없으면 죽은 자의 아내는 나가서 타인에게 혼인하지 말 것이요, 그녀의 남편의 형제가 그녀에게로 들어가서 그가 그녀를 아내로 삼아 그녀에게 남편의 형제 된 의무를 이행할 것이니라. 그녀가 낳은 첫태생으로 죽은 자기 형제의 이름을 이어받게 하여 그의 이름을 이스라엘에서 끊어지지 않게 할지니라. 만일 그 사람이 자기 형제의 아내를 얻는 것을 좋아하지 아니하면, 그의 형제의 아내는 성문 장로들에게 올라가서 말하기를 "내 남편의 형제가 이스라엘에서 자기 형제에게 이름을 세워 주기를 싫어하여 그가 내 남편의 형제의 의무를 이행하지 않나이다." 할 것이요 그러면 그의 성읍의 장로들은 그를 불러서 그에게 말할지니 만일 그가 입장을 고수하여 말하기를 "나는 그녀를 취하고 싶지 않노라." 하면, 그의 형제의 아내는 장로들의 면전에서 그에게 다가가서, 그의 발에서 그의 신을 벗기고 그의 얼굴에 침을 뱉으며 대답하여 말하기를 "자기 형제의 집을 세우기를 원치 않는 자에게는 이렇게 할지니, 이스라엘에서 그의 이름을 자기 신을 벗은 자의 집이라 부르리라." 할지니라』(신 25:5-10).

이것을(신 25:5,6) 소위 "수혼제도"(嫂婚制度, levirate marriage)라고 부르는데, "아들이 없이 죽은 형을 대신하여 동생이 형수를 취해 형의 아들을 낳아 주는 제도"인 것이다. 형제들이 함께 거할 때, 어떤 형제가 자식 없이 죽은 경우 그 "미망인"은 그 형제들 중 하나와 결혼해야 한다. 이 제도의 목적은 "죽은 형제의 집안을 세우는 것"에 있다. 그래서 그녀를 취한 형제는 그녀를 통해 낳게 될 첫아들을 죽은 형제의 이름으로 가문을 세우게 해야 한다. 만일 그 사람이 자기 형제의 미망인을 취하기 싫어하면, 그녀는 장로들 앞에 그를 데리고 가서 그의 발에서 신을 벗기고 그 얼굴에 침을 뱉으며 수치를 주게 된다(신 25:9).

보아스 역시 이러한 절차를 밟은 것인데, 차이가 있다면 미망인이 된 "룻"이 자신을 아내로 취하지 않은 친척의 얼굴에 "침"을 뱉지 않았다는 점이다. 여기에는 "두 가지 이유"가 있다. 우선 룻이 그 자리에 없었다. 이는 그녀가 "이방의 모압 여인"으로 "이스라엘 안"에서는 일정한 지위를 가질 수 없었기 때문이다. 더욱이 그녀가 나오미의 아들 "말론"과 결혼한 것은 이스라엘 땅에서가 아니라 모압 땅에서였다. 그래서 그녀가 이스라엘 땅 안에서 유대인과 결혼할 때까지는 『**이스라엘 나라에 속하지 않는**』(엡 2:12) 사람으로 간주될 수밖에 없었다. 두 번째 이유는 그 친척이 단순히 룻과 결혼하고 싶지 않아서 그녀를 거절한 것이 아니기 때문이다. 그는 룻과 결혼하고 싶어도 절대 결혼할 수 없는 "합법적인 이유"가 있었다. 그것은 그가 이미 "한 유대 여인"과 결혼한 상태였기 때문인데, 그런 상황에서 한 이방 여인과 혼인함으로써 그의 유업을 더럽힐 수는 없었던 것이다. 하지만 보아스는 독신 상태이기에 룻을 그의 아내로 취하는 데 아무 문제가 없었다.

어쨌든 보아스는 율법의 규례에 따라 적법한 절차를 충분히 거쳤고, 여러 증인들 앞에서 자기보다 더 가까운 친척으로부터 그 권리를 양도받아 값을 치르고 룻을 취했다(9,10절). 특히 "값을 치르고 샀다"는 "구속"의 의미로 보건대, 보아스가 값을 지불하고 룻을 아내로 취한 사건은, 예수 그리스도께서 그분의 몸값을 지불하시고 교회를 아내로 취하신 사건의 예표가 된다. 모든 죄인은 "전당포"에 저당을 잡힌 신세인데, 예수 그리스도께서 그분의 보배로운 피로 "몸값"을 지불하시되 "할부" 형태가 아니라 "한 번에 완전히" 지불하시고 죄인들을 찾아오셨다. 예수 그리스도께서는 죄인들을 대신해서 그 율법에 따른 하나님의 요구, 곧 "죄의 삯은 사망"이라는 율법의 요구를 충족시키고 하나님의 공의를 만족시키기 위해, 십자가 위에서 흘리신 그 "피 값"을 거룩하신 하나님께 지불하셨다. 그리고 "그 거래가 완성되었다"는 것을 보여 주시기 위해 예수님께서는 십자가 위에서 마지막으로 "다 이루었다!"라고 외치심으로 "구속의 마침표"를 찍으셨다. 이것만이 죄인인 우리가 구원받을 수 있는 "유일한 길"이고, 이것만이 하나님께서 우리를 위해 보여 주실 수 있는 "최고의 사랑"이며, 이것만이 하나님의 공의가 완벽하게 충족될 수 있는 "유일무이한 방법"이었다.

룻에게 주어진 보상

『성문에 있던 모든 백성과 장로들이 말하기를 "우리가 증인들이라. **주**께서 네 집에 들어간 여인으로 둘이서 이스라엘 집을 세운 라헬과 레아같이 되게 하시기를 원하며, 네가 에프라타에서 유력하게 되며, 베들레헴에서 유명하게 되기를 원하노라. 또 네 집이 타말이 유다에게 낳은 파레스의 집같이 되기를 원하며, 그 집의 씨는 **주**께서 이 젊은 여인을 통하여 네게 주시리라." 하더라』(룻 4:11,12).

들판에서 이삭이나 줍던 천하고 가난한 과부, 모압 여인 룻은 보아스의 정식 아내가 됨으로써 예수 그리스도의 계보로 유입된다. 그녀가 여리코 성읍의 창녀 "라합"처럼 놀라운 영예와 특권을 향유했던 것이다. 보아스가 룻에게 『**주께서 너의 행한 일을 갚아 주시고 이스라엘의 주 하나님께서 그분의 날개 아래 의뢰하러 온 너에게 온전히 보상해 주시기를 원하노라.**』(룻 2:12)라고 말했던 대로 하나님께서는 룻에게 놀라운 복으로 보상해 주셨다. 우선 "이스라엘 집안"을 세우는 영예와 축복을 얻었다(11절). 이것은 룻이 현숙한 여인으로 불릴 수 있는 일곱 번째 이유가 되는데, "집안을 잘 세우는 여인"이 바로 현숙한 여인이기 때문이다(잠 31:21,23,27). 특히 룻을 통해 남편 보아스가 베들레헴에서 "유명하게 되었는데," 이와 관련하여 성경은 현숙한 여인의 『**남편은 그 땅의 장로들 사이에 앉을 때, 성문 안에서 알려진 사람이**』(잠 31:23) 된다고 말씀한다. 그런가 하면 룻은 다윗 왕의 증조할머니가 되어 라합처럼 메시아이신 예수 그리스도의 계보에 드는 영예를 얻게 된다(13-22절). 그만큼 룻은 그 성읍에서 잘 알려진 유명인사가 되었다. 이것은 우리에게 룻이 현숙한 여인으로 불리는 마지막 여덟 번째 이유를 보여 주는데, 성경은 이와 관련하여 『**그녀의 손의 열매에서 나는 것을 그녀에게 주고, 그녀 자신의 일들이 성문 안에서 그녀를 칭찬하게 하라.**』(잠 31:31)고 말씀한다.

하나님께서는 자신을 위해 모든 것을 포기한 룻을 가만히 보고만 계시지 않았다. 하나님께서는 그분을 열심히 찾는 자들에게 반드시 보상하는 분이시다(히 11:6). 그녀가 자신의 신들을 버리고 주님께로 오자, 하나님께서는 그녀의 하나님이 되어 주셨다(룻 1:16). 그녀가 주님을 위해 남편 얻기를 포기하자, 그녀에게 부강한 남편 보아스를 주셨다(룻 2:1). 하나님께서는 룻의 "태"에도 복을 주셔서 오벳이라는 아들을 낳게 하셨다. 이 오벳은 후에 다윗의 아버지 이새를 낳았고, 이로 인해 룻은 다윗 왕의 증조할머니가 되었다. 결국 왕의 계보에 들어가게 된 룻은 만왕의 왕이신 예수 그리스도의 계보에까지 들어가게 되었다(마 1:5). 하나님의 보상은 여기서 멈추지 않았다. 영원히 하늘에 세워진 하나님의 말씀의 책들 중 한 권에 그녀의 이름을 제목으로 넣어 주셨다. 그녀는 주님을 위하여 썩어질 것들을 포기했으나, 하나님께서는 영원한 것들까지 넘치게 보상해 주신 것이다.

그리스도인들을 위한 "영적 원리" 역시 동일하다. 『**누구든지 자기 생명**

을 구하고자 하면 잃을 것이요, 누구든지 나를 위하여 자기 생명을 잃으면 구하리라』(눅 9:24). "자신을 위하여" 재산, 학위, 직장, 명예 등을 얻으려 하면 잃을 것이요(벧후 3:10), "주님을 위하여" 그것들을 포기하면 하나님께서 하늘에서 온전히 보상해 주실 것이다(눅 6:23). 따라서 주님을 두려워했던 현숙한 여인 룻처럼 하나님을 기쁘시게 하는 삶을 살고 싶다면 세상을 위해 사는 것을 포기해야 한다. 그리고 예수 그리스도를 위해 살도록 노력해야 한다. 이 땅에서 세상의 영광을 바라지 않고 자기 십자가를 지고 주님을 따라야 한다. 그렇게 하면 신실하신 하나님께서 우리가 이 세상에서 얻을 수 있는 것들보다 훨씬 뛰어난 영원한 영광의 비중으로 영원히 보상해 주실 것이다(고후 4:17).

■ 새롭게 깨달았거나 적용할 내용이 있다면 적어 보세요. ■

NOTES

NOTES

복습 문제 정답

제2과

1. 예수 그리스도
2. 이삭줍기
3. 우연
4. 유대인들, 유대인들
5. 의

제3과

1. 결혼
2. 아내
3. 몸
4. 결합
5. 완성
6. 영원히, 끝

솔로몬 성경공부 시리즈

룻기

현숙한 여인 "룻"과 하나님의 "보상"

초판인쇄 2023년 11월 2일
초판발행 2023년 11월 3일
지 은 이 / 편 집 부
발 행 인 / 박 승 용
발 행 처 / 말씀보존학회
출판등록 / 제409-2022-000036호
주 소 / 서울 강서우체국 사서함 제90호
전 화 / (02) 2665 - 3743
팩 스 / (02) 2665 - 3302
인 터 넷 / www.biblemaster.co.kr

잘못된 책은 바꿔 드립니다.
값 5,000 원